eビジネス新書

No.391

週刊東洋経済

相続の新常識

週刊東洋経済eビジネス新書　No.391

相続の新常識

本書は、東洋経済新報社刊『週刊東洋経済』２０２１年7月３１日号より抜粋、加筆修正のうえ制作しています。情報は底本編集当時のものです。（標準読了時間　９０分）

相続の新常識　目次

相続の常識も変わってきた

相続をめぐる環境が激変している。2020年末の税制改正大綱で「相続税と贈与税の一体化」が打ち出され、年110万円まで非課税だった生前贈与が認められなくなるかもしれないからだ。

2019年に死亡した人の数は約138万人。平均寿命は男性が81・4歳で、女性が87・5歳だった。これを「被相続人」とすると、毎年その数倍に当たる家族が「相続人」として、相続の問題に直面していることになる。

問題は多岐にわたる。親の財産がどれくらいあるのか。預貯金をすぐ下ろせるのか。税金はいくらかかるのか。相続財産のうち、最も多い34・4%を占めるのが土地だが、遺産分割のやり方など、わからないことだらけだ。

ちなみに、相続税が発生するケースの割合は全国で8・3%だが、東京都に限ると

16・3%と高く、6人に1人が納めた格好。地価の高い東京の場合、課税価格の平均は1億8405万円、税額は3030万円と高額だ。これを相続発生後10カ月以内に納付しなければならない。

本誌では相続の基本から、よくあるトラブルと解消法、生前贈与の将来動向まで取り上げた。いざというときに慌てないよう、準備は早めが肝心だ。

迫る相続・贈与税の「一体化」

富裕層に激震　生前贈与には頼れない

税の関係者の間に衝撃が走った。自民・公明両党が2020年12月に発表した「令和3年度税制改正大綱」に次の文が載ったのだ。

「相続税と贈与税をより一体的に捉えて課税する観点から、現行の**相続時精算課税制度と暦年課税制度のあり方を見直す**」

これは「資産移転の時期の選択に中立的な相続税・贈与税に向けた検討」という題目の下、書かれた一文だ。なぜこれが衝撃か。それは贈与税の実質廃止を目指すと読めるからである。公明党の西田実仁・税制調査会長は、「6年前から言い続けてきた。『格差固定化の防止』はわれわれがずっと訴えてきた主張だ」と力を込める。

富が一部の人に集中しすぎないよう、再分配の機能を果たしてきた相続税。創設は

1905年と古い。その後、相続税を逃れようと生前贈与をする人が増えたため、1947年に贈与税が創設された。

贈与税には、暦年課税と相続時精算課税があり、どちらか一方しか選択できない。暦年課税は、1年ごとの贈与額に対して課税するものだが、年110万円までなら非課税となる。そのため、毎年コツコツと長期にわたり、生前贈与をして節税する人は多い。

一方、相続時精算課税は、贈与したときは2500万円まで非課税だが、相続したときに贈与時の非課税分も含めて精算し、相続財産として課税する。価格が上昇傾向にある財産なら、贈与したときの低い評価額への課税で済むというメリットがある。

2019年の申告を見ると、暦年課税の45万件に対し、相続時精算課税は4万件と少ない。

贈与税が実質廃止になるとしたら、どのような方法が考えられるか。1つは暦年課税を廃止し、相続時精算課税のみにすること。形式上、かなり相続税に統合される。もう1つは暦年課税を存続させるが、実態を相続税に近づけること。暦年課税は相続発生前3年以内の贈与は相続扱いにしているが、これを10年以内あるいは15年以内などに拡大する方法だ。いずれも過去の贈与に遡及して課税することはないと思われる。

甘利明・自民党税調会長（当時）は相続税など資産課税のあり方として「公平・公正な制度になるよう国際標準にそろえる必要がある。資産のある人に税制が有利に働くのはよくない」と強調する。

国際標準とは何か。米国には遺産税（相続税）と贈与税がある。ただし、生涯にわたる贈与の税負担と、相続のときの税負担は一定だ。ドイツやフランスでも、相続前に行った一定期間（独10年・仏15年）の贈与は、相続と税負担が同じ。両税は一体的に課税されており、資産移転の時期に中立といってよい。

欧米で相続税と贈与税は一体化されている
―国内外における資産課税の比較―

	米国	ドイツ、フランス	日本
方式	遺産税方式	遺産取得課税方式	法定相続分課税方式
体系	遺産税（相続税）と贈与税を統合	相続税と贈与税を統合	相続税と贈与税は別体系
内容	一生涯の累積贈与額と相続財産額に対して一体的に課税	一定期間（独10年、仏15年）の累積贈与額と相続財産額に対して一体的に課税	暦年課税 毎年110万円まで非課税。相続前3年間の贈与のみ相続財産額に加算して相続税を課税 相続時精算課税 相続時に累積贈与額と相続財産額に対し一体的に課税 →どちらか選択できる
特徴	・相続と贈与で税負担は一定 ・資産移転の時期に中立	・相続と贈与で税負担は一定 ・資産移転の時期に中立	・相続と贈与で税負担が異なる ・資産移転の時期に中立でない

（出所）各種資料と取材を基に東洋経済作成

日本もこうした方向を目指している。いずれ生前贈与を活用した節税はできなくなると考えたほうが賢明だろう。ある大手税理士法人のトップは、「贈与するなら早いほうがいい。やるなら2021年が最後だ」と言い切る。

富裕層への課税強化が今後進むのは間違いない。消費税率10%へのアップで逆進性は高まり、コロナ禍による格差拡大もダメ押しした。国民の多数が関係する所得税と違い、相続・贈与税に手をつけるほうが反発は少ない。

贈与税の実質廃止の次に控えるのは、教育資金や結婚・子育て資金の一括贈与に対する非課税の廃止である。前出の税制改正大綱では、廃止も含め検討と記された。「ファミリー内の資産移転が進むだけで格差是正にはならない」（与党幹部）と風当たりは強い。

金融所得課税の強化も検討されている。財務省は株の配当や譲渡益にかかる税率（現行20%）を上げたい。安倍前政権時代には税率25%への引き上げ案が主税局からたびたび持ち込まれたが、当時の菅義偉内閣官房長官がはねつけた。市場への影響をにらみながらの政治判断になる。

2022年1月からの通常国会で相続税法が改正されれば、相続税・贈与税の一体化は、最短なら22年後半施行もありうるが、現実的には23年の施行だろうか。〝持てる者〟は今から心しておいたほうがよさそうだ。

（大野和幸）

配偶者を保護、遺言書では現実対応も

高齢化に沿った2019年改正の狙い

相続では毎年年末に決まる税制改正のほか、数年に1度の大がかりな改正が行われる。

近年では2015年の相続税法改正に伴う基礎控除の引き下げで課税対象者が拡大。基礎控除が従来の「5000万円＋（1000万円×法定相続人数）」から「3000万円＋（600万円×法定相続人数）」へ変更となった。相続人1人なら、遺産6000万円まで非課税だったが、以後は3600万円までに変わり、課税割合が一気に高まったのである。

その後の大きな改正が2019年だ。主なポイントは、

①　配偶者居住権を新設
故人の配偶者が自宅に住み続けられる。

②　配偶者に贈与された自宅は遺産分割の対象外
結婚20年以上の配偶者が条件。

③　特別寄与料で配偶者に報いる
義父母の介護をした配偶者は金銭を請求できる。

④　自筆証書遺言の作成や保管が便利に
財産目録はパソコンでOK、法務局に預けられる。

⑤　故人の預貯金から葬儀費用などを下ろせる
150万円までなら遺産分割協議前でも引き出し可。

⑥　遺留分を請求されても金銭で解決
不動産など現物で払わなくてよくなった。

⑦　特別受益の時効を過去10年に制限
生前贈与の持ち戻しを無期限から短縮。

高齢化が進む日本で相続も実態に合わせたといえる。最も注目されたのは配偶者に報いる施策で、夫の死後も長生きする妻に焦点が当てられたといえる。

新設された「**配偶者居住権**」では、自宅を所有権と配偶者居住権に分け、被相続人（夫）の死亡後も配偶者（妻）が自宅に住み続けられるようになった。婚姻期間20年以上の夫婦であれば、「**配偶者に贈与された自宅**」については遺産分割の対象外に。また「**特別寄与料**」を設け、配偶者が義父母の介護などで献身的に貢献した場合、相続人以外でも金銭を求めることが認められている。

実務面でも進化した。「**自筆証書遺言**」は、財産目録のみであれば、パソコンによる作成や預金通帳のコピーでも可能だ。遺言を法務局に保管できるようになり、紛失・変造対策も進んでいる。

自宅絡みでいうと、「**小規模宅地等の特例**」も関心が高い。これは被相続人（親）の自宅を同居する子が相続する場合、330平方メートルまでであれば敷地の評価額が80％減になるというもの。仮に1億円の評価額なら、80％減の2000万円に激減するわけで、節税対策の効果は大きい。

従来、子は親との同居が条件だったが、持ち家がなければ別居でもよくなった（家なき子特例）。それが持ち家を孫や法人に売り、〝家なき子〟を偽装するケースが増えたため、18年から3親等内の親族に売却したら適用されないなど、条件が厳しくなったのだ。

当然ながら相続はいつやって来るかわからない。税制改正などを逐次チェックし、自分が当てはまるかどうか、折に触れ確かめておくことが重要だ。

（大野和幸）

手続きから財産評価、優先順位まで

相続のイロハをゼロから知る

① 手続きとスケジュール

相続は被相続人（親）の死亡と同時に発生する。7日以内に病院から死亡診断書を受け取り、市区町村役場に死亡届を提出。寺院や神社で通夜・葬儀を執り行うが、病院が葬儀社を紹介することも多い。その後は税理士とも相談しながら、遺言書の確認や相続人の調査、相続財産の評価を進める。これは10カ月以内に遺産分割協議を終わらせ、相続税の申告・納付を済ませるため。遺言書がないと、どこにどれだけ財産があるのか、わからない。戸籍謄本や登記簿謄本、銀行の残高証明書など、必要書類は多岐にわたる。相続税は現金一括納付が基本だ。

親の死亡後は手続きが必要だ

—相続に伴う主な手続き—

期限	手続き	必要書類
	死亡＝相続開始	
7日以内	死亡の届け出	□死亡診断書 □死亡届 □火葬許可申請書
	通夜・葬儀	□火葬許可証
2週間以内	世帯主変更の届け出	□世帯主変更届
3カ月以内	遺言書の確認・検認	□自筆証書遺言か公正証書遺言
	相続人の調査・確定	□相続人や被相続人の戸籍謄本
	相続財産の評価	□銀行の残高証明書 □登記簿謄本 □固定資産評価証明書等
	相続放棄・限定承認の手続き	□相続放棄申述書
4カ月以内	被相続人の準確定申告	□所得税の確定申告書 □除籍謄本
10カ月以内	遺産分割協議	□遺産分割協議書 □印鑑登録証明書
	相続税の申告・納付	□相続税申告書
	預貯金や株、不動産の相続	□相続関係届出書
1年以内	遺留分の侵害額請求	□内容証明
3年以内	生命保険の保険金請求	□死亡保険金請求書
5年以内	年金の請求手続き	□遺族年金の請求書

② 財産にはプラスの財産とマイナスの財産

財産の評価は手間がかかる。預貯金は金融機関の通帳で死亡時の金額を確認。ペーパーレスで通帳がないなら、残高証明書の発行を依頼する。株式など有価証券は上場していれば死亡時の時価になる。最も難しいのが不動産の評価だろう。土地は国税庁の路線価図で路線価を調べ、1平方メートル当たりの価格に面積を掛けると出るが、不動産鑑定士など専門家に調べてもらおう。評価額は公示地価の80％程度に抑えられるほか、小規模宅地等の特例を活用すれば、さらに20％まで低減可能だ。

また、財産にはプラスの財産だけでなく、借金などマイナスの財産もある。単純承認ではプラスもマイナスもすべて相続し、プラスの財産だけを引き継ぐことはできない。相続財産の種類と相続の方法を整理しよう。

【プラスの財産】

金融資産

・現金
・預貯金
・有価証券（株、国債、投信等）
不動産
・家屋（貸家含む）
・宅地（貸家建付地含む）
・借地権
・農地等
その他
・貴金属、絵画、骨董品
・ゴルフ会員権
・自家用車
・家財一式
【みなし相続財産】

・保険会社から受け取る死亡保険金
・会社から支払われる死亡退職金

【相続財産に加える財産】
・被相続人から3年以内に贈与された財産
・相続時精算課税制度で贈与された財産

【マイナスの財産】
債務
・住宅ローン
・クレジットカードの借入金
・未払いの税金や医療費など

葬儀費用
・通夜や葬儀に伴い、葬儀社等に支払った費用一式

【非課税の財産】

・生前から所有していた墓地・墓石や仏壇・仏具

【相続の方法】

単純承認

プラスの財産のみ、あるいはプラスの財産が大きければ、すべてを相続する。

相続放棄

マイナスの財産のみ、あるいはマイナスの財産が大きければ、すべてを放棄する。

限定承認

プラスかマイナスかわからなければ、借金はプラスの財産を限度に責任を負う。

③ 法定相続人と優先順位

相続には優先順位がある。まず故人である被相続人から見ると、配偶者である妻はつねに相続人だ（次図の①、以下同様）。被相続人に子がいる場合、配偶者と子が相続する②。子が亡くなっている場合のみ、孫が相続し、これを代襲相続という③。子も孫もいなければ、被相続人の父母（子から見れば祖父母）になり④、父母もいなければ、被相続人の兄弟姉妹（子から見ればおじ・おば）になる。実際に遺産を分割する際には、法定相続割合（法定相続分）が目安になるが（配偶者と子1人なら各2分の1など）、相続人全員が納得すれば必ずしも従う必要はない。親子で分け合う1次相続よりも、両親とも亡くなり、子同士で分け合う2次相続のほうがもめやすい。

まずは妻、次に子が優先される

—法定相続人と優先順位—

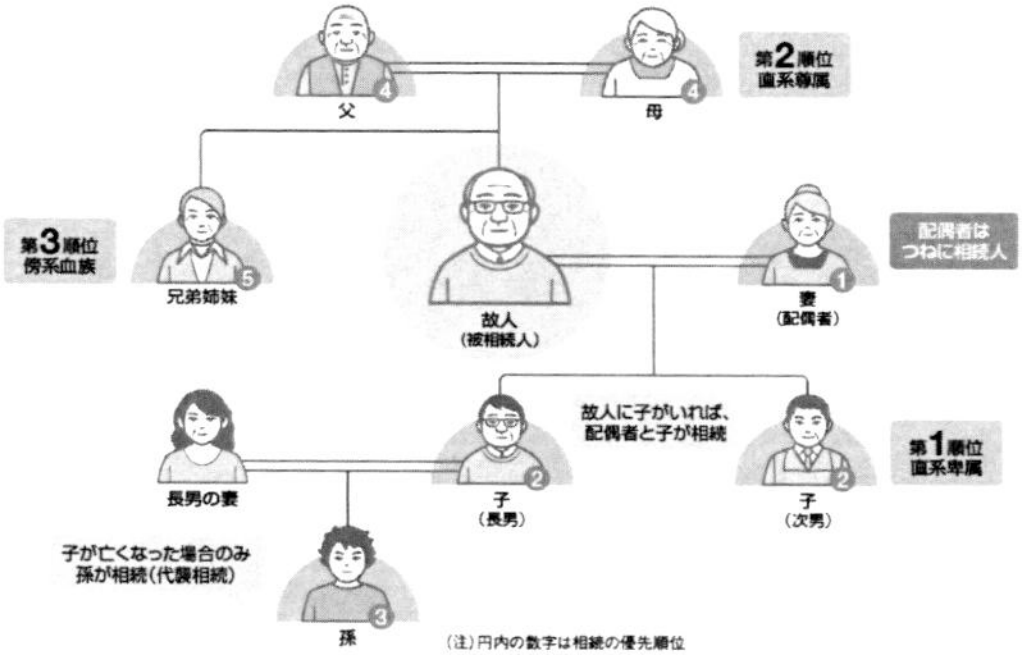

(注)円内の数字は相続の優先順位

子同士で分ける2次相続が最ももめる

—法定相続分と遺留分—

	法定相続分	遺留分(最低限の取り分)
妻のみ	100%	1/2
子のみ	100%	1/2
妻と子	妻 1/2 子 1/2	妻 1/4 子 1/4

	法定相続分	遺留分(最低限の取り分)
父母	100%	1/3
兄弟姉妹	100%	なし
妻と父母	妻 2/3 父母 1/3	妻 2/6 父母 1/6
妻と兄弟姉妹	妻 3/4 兄弟姉妹 1/4	妻 1/2 兄弟姉妹 なし

(注)子などが複数いる場合は人数で割って計算

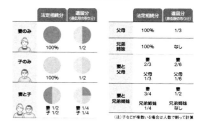

④ 遺言書と遺産分割協議

遺産分割協議でもめないためにも、故人の生前の意思を表す遺言書は重要だ。これには自筆証書遺言と公正証書遺言がある。自筆証書遺言は被相続人が自筆で書き、公正証書遺言は公証人が書面を作成、公証役場に保管する（費用がかかる）。もし自宅で自筆証書遺言を発見したら、開封せずに家庭裁判所に持っていき、検認してもらう。検認を受けることで改ざんや紛失を防ぐためだ。財産分割は氏名や金額、年月日など、内容を正確に書き、すべてのページに署名と押印をしなければならない。遺言執行者は親族でもよく、最後に付言事項として家族への要望や感謝の気持ちを残しておけば、後々のトラブル防止に役立つだろう。

【ポイント】
①自筆で書く（財産目録のみワープロ可）
②ボールペンなど消えない筆記用具を使う
③すべてのページに署名と押印（なるべく実印）
④正確な年月日を記入する

遺言書

遺言者　東洋太郎は、以下の通り遺言する。

1、遺言者の妻　東洋花子（1945年4月1日生）に、次の財産を相続させる。

（1）土地

所在／東京都中央区1丁目○番地○

地番／○○番○○

地目／宅地

地籍／70平方メートル

（2）家屋

所在／東京都中央区1丁目○番地○

家屋番号／○○番○○

種類／居宅

構造／鉄筋コンクリート造

床面積／1階60平方メートル　2階50平方メートル

2、長男　東洋次郎（1970年7月1日生）に、次の財産を相続させる。

三菱UFJ銀行 日本橋支店

口座番号○○○○○○○○の預金全て

ゆうちょ銀行

通常貯金　記号○○○○○○ 番号○○○○○○○の貯金全て

3、次男　東洋三郎（1973年10月1日生）に、次の財産を相続させる。

株式会社日本橋商事の株式全て

4、本遺言に記載のない、その財産の一切を、妻 東洋花子に相続させる。

5、（付言事項）

私の人生は家族と過ごせて幸せだった。心より感謝したい。

自宅の土地・家屋は、妻のおかげで築くことができ、全てを妻に残す。

また、長年にわたる介護をしてくれた次郎には、預貯金を残す。

三郎は大学の学費を鑑みて、どうか株式で納得してほしい。

いつまでも家族で助け合い、末永く仲良くして下さい。

6、遺言者は、遺言執行者に次の者を指定する。

東京都新宿区新宿1丁目○番地○

弁護士　田中一郎

東京都中央区1丁目○番地○

遺言者　東洋太郎　印

相続税はこう計算しよう

相続税は被相続人（亡くなった人）の遺産を受け取った相続人にかかる税金だ。資産課税の一種でもある。不動産や非上場株式の評価額などを見積もるのに比べれば、順序立てて進めていく限り、計算自体はそれほど難しくない。ここでは5つのステップを踏んで説明したい。

①遺産総額（課税価格）

まずは相続人（妻や子）ごとにどのくらいの遺産総額（課税価格）になるかを把握する。預貯金や株式、土地・家屋など本来の相続財産だけでなく、死亡保険金や死亡退職金などのみなし相続財産や、さらに3年以内の贈与財産なども加算。そこから葬儀費用や（あれば）住宅ローンなどの債務を差し引いたものが課税価格となる。

② 課税遺産総額

各相続人の課税価格の合計から基礎控除を差し引いたものが課税遺産総額である。裏返すと、基礎控除より課税価格が小さければ、相続税がかからない。基礎控除は「3000万円＋600万円 × 法定相続人数」。相続人1人なら遺産3600万円まで非課税だ。相続人が多いほど、基礎控除も膨らみ、非課税の枠は大きくなる。

③ 相続税総額

法定相続分に応じた課税遺産総額に、相続税速算表にある税率を掛けて控除を差し引いたものが、各相続人の相続税。これを合計し、相続税総額を計算する。

相続税の速算表

法定相続分に応じた課税遺産総額	税率	控除
1000万円以下	10%	—
3000万円以下	15%	50万円
5000万円以下	20%	200万円
1億円以下	30%	700万円
2億円以下	40%	1700万円
3億円以下	45%	2700万円
6億円以下	50%	4200万円
6億円超	55%	7200万円

④　納税額

相続税総額に対して、実際の取得割合（課税価格／課税価格の合計）を掛ければ、各相続人の納税額が計算できる。

⑤　最終的な納税額

最後に、各相続人に当てはまる納税額に、各種の加算・控除を反映させる。妻であれば、配偶者の税額軽減によって、相続財産が1億6000万円以下か法定相続割合以下のどちらかなら、相続税がかからず、節税効果は大きい。その結果として出てきたのが、各相続人の最終的な納税額だ。

事例として、遺産1億1000万円（自宅6000万円・金融資産5000万円）を、母・子2人が相続する場合、相続税は長男と次男が64万円ずつの納税額になるケースを次図で示す。

5つのステップで税金を計算する

―相続税の計算方法―

事例

父（被相続人）が死去し、相続人は母（配偶者）、長男、次男の3人。遺産は、自宅6000万円（土地5000万円・家屋1000万円）と、金融資産5000万円（預金4000万円、株式1000万円）だった。遺産分割協議で自宅を母が、金融資産を３人が、おのおの相続することが決まった。

❶課税価格

母　土地1000万円（小規模宅地特例で8割評価減）、家屋1000万円、預金1000万円で、計3000万円

長男　預金2000万円のみ

次男　預金1000万円、株式1000万円で、計2000万円

❷課税遺産総額

母　長男　次男　各人の課税価格の合計（3000万円＋2000万円＋2000万円）－基礎控除（3000万円＋600万円×3人）＝7000万円－4800万円＝2200万円

❸相続税総額

母　（課税遺産総額2200万円×法定相続割合1/2）×税率15%－控除50万円＝115万円

長男　（2200万円×1/4）×10%＝55万円

次男　（2200万円×1/4）×10%＝55万円

各人の合計　115万円＋55万円＋55万円＝225万円

❹納税額

母　相続税総額225万円×実際の取得割合（課税価格3000万円÷課税価格の合計7000万円）＝96万円

長男　225万円×（2000万円÷7000万円）＝64万円

次男　225万円×（2000万円÷7000万円）＝64万円

❺最終的な納税額

母　配偶者の税額軽減でゼロ

長男　64万円

次男　64万円

監修：税理士法人タクトコンサルティング

ちなみに相続税の税率は所得税と同じ超過累進税率。一定額を超えた部分に段階的に高い税率がかかる。また各種の税額の加算・控除では、配偶者以外に未成年や障害者も、一定の控除を受けられる。ただし、被相続人の兄弟姉妹や遺言で遺産を受け取った孫の場合、納税額が2割加算になるので、注意が必要だろう。

（大野和幸）

肉親だからこそお金は譲れない

遺産分割のトラブル解消

法律ライター　元弁護士・福谷陽子

親の生前は仲のよかった家族でも、死後に「遺産相続トラブル」を起こすケースは多い。よくあるトラブルの3例を基に相続対策の方法を確認したい。

遺言書の有無

田辺光子さん（60代・仮名）は結婚以来、夫の両親と同居してきました。夫は弟と妹の3人兄弟姉妹です。先日90歳の義母が亡くなり遺産相続の話になりました。田辺さんは長男の妻として義父母を献身的に介護してきました。

義理の弟も義理の妹も家を出て自分の家庭を持ち、実家に顔を出すこともなく、介護の負担は田辺さん夫婦に降りかかる状態でした。田辺さんや夫は「自分たちが親の世話をしてきたから、ほかの兄弟姉妹より多くの遺産をもらえるはず」と考えていました。

ところが義母の死後、夫の弟と妹は、「3分の1の法定相続分があるから遺産は3分の1ずつ渡してほしい」と言ってきたのです。

「これまで居住してきた実家の土地・建物くらいは私たちが受け継いでもよいだろう」と田辺さんが提案すると、「家が欲しいなら代償金を払ってほしい。払わないなら家を売って現金で分配すべき」と、弟や妹から言われてしまったのです。そんなことになったら、田辺さん夫婦は、住む家がなくなってしまいます。

弁護士に相談すると、「献身的に介護した相続人（田辺さんの夫）には『寄与分』が認められるので、ほかの相続人よりも多くの遺産を受け取れる。田辺さん本人は相続人ではないが、相続人へ『特別寄与料』という分のお金を請求できる」と、アドバイスしてもらえました。

そこで田辺さんの夫が弟たちに寄与分や特別寄与料を主張すると、「子どもや長男の妻が親の世話をするのは当たり前」「そちらこそ親に光熱費や生活費を出してもらっていた」と猛反発。ついには家庭裁判所で遺産分割調停を申し立てられてしまったのです。

結局、調停で田辺さんの夫の寄与分は認められましたが、期待した金額にならず、家を守るため、夫は弟と妹に高額な代償金を払うことに。田辺さんが受け取った特別寄与料も予想より低額でした。

ケース1 遺言書なく代償金が高額に

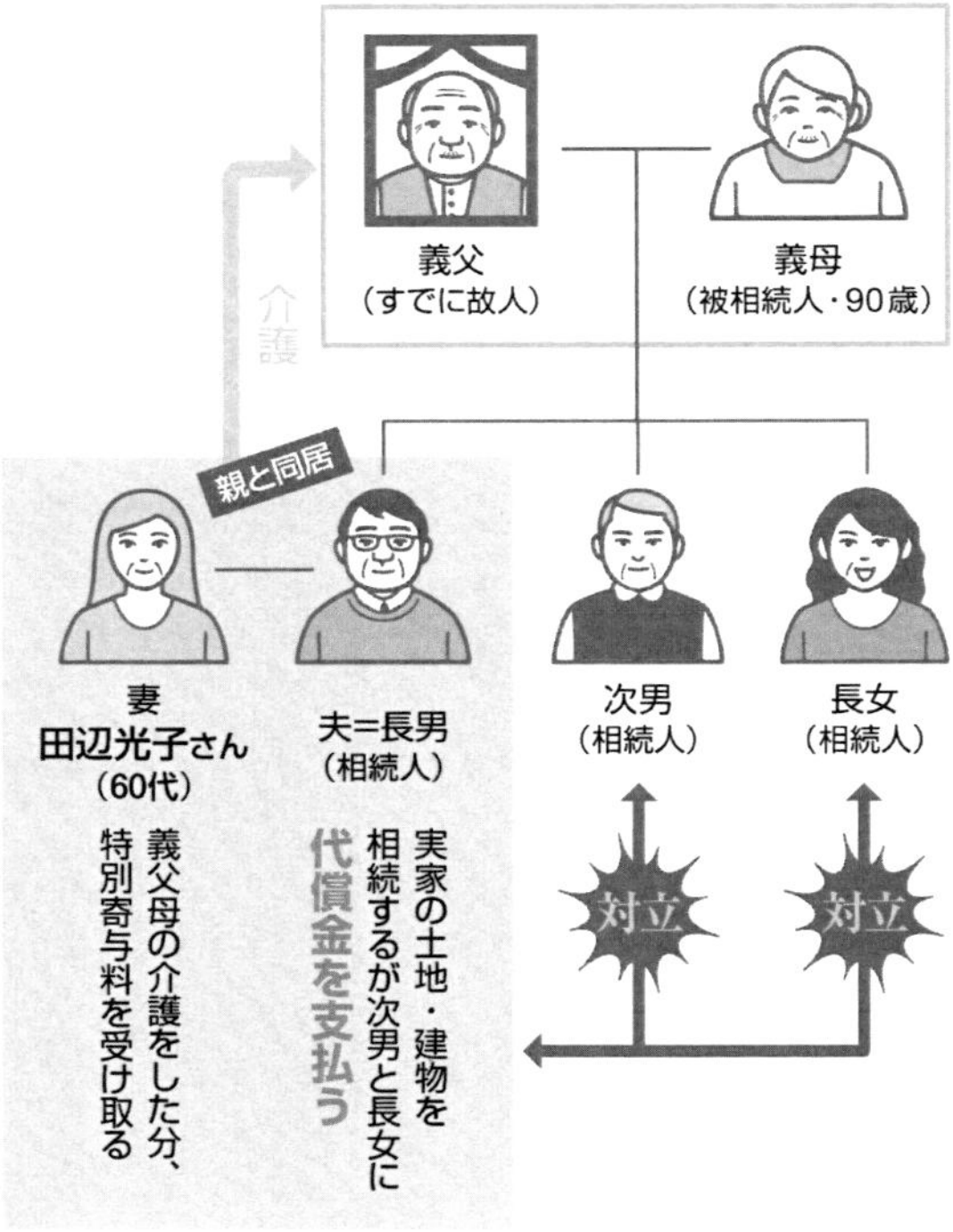

（対策方法）

このケースでは田辺さんの夫の母親が遺言書を書かなかったことに問題があります。生前に母親が、「長男（田辺さんの夫）に家を残す」「田辺さん（長男の妻）に預貯金を残す」などの遺言書を作成していれば、義理の弟や妹から「家を売って清算するように」「代償金を払え」と言われることはありませんでした。

そうすれば、田辺さん夫婦が介護してきた苦労も報われたでしょうし、家や預貯金も相続できて老後の不安を抱えることもなかったでしょう。その後に遺産分割調停も申し立てられず、繰り返し裁判所に通うストレスを受けることもありませんでした。

仲のよかった子どもたちも、お金が絡めば、熾烈な相続争いを繰り広げるもの。生前に遺言書を作成しトラブルを予防しましょう。

不動産の売買

佐野清彦さん（60代・仮名）は兄と弟、妹がいて、4人兄弟姉妹の次男です。長男夫妻は両親と同居していましたが、佐野さんや弟、妹は結婚し、実家から独立していました。そんな折、母親が急逝。遺産相続が降りかかりました。

遺産を調査しましたが、これといった預貯金もなく、残されたのは実家だけ。佐野さんは「家だけなら簡単に分けられるだろう」と軽く考えていました。

ところがふたを開けてみると兄が「家は長男の自分が継ぐのが当たり前。おまえたちに渡すものはない」と言い出したのです。佐野さんや弟、妹は驚き、「今どき兄弟姉妹は平等なはず」と返しましたが、兄は聞き入れません。

佐野さんは弟や妹と相談して家の時価を調べ、兄に代償金の支払いを求めることにしました。実家の不動産の時価は約4000万円だったため、佐野さん、弟、妹が1000万円ずつの支払いを要求したところ、兄は拒否。「この土地・建物にそんな価値はない。路線価で見ると3000万円くらいだった。長男の自分には家を継ぐ権利があるが、年金生活でお金はないので払えない」と主張します。

そのうち佐野さんの弟がしびれを切らし、「お金がないなら家を売って現金で分けよう」と言い出しました。ただ、佐野さんや妹は「思い出の詰まった家はできれば残したい」と考えており、弟の意見にも賛同できません。

三者三様の主張で収拾がつかず、家庭裁判所で遺産分割調停を利用するしかありませんでした。しかし、調停でも意見が一致しなかったため、調停委員にもさじを投げられ、審判に。最終的に裁判官が「家を売って分けるように」と競売命令を出したのです。

家を競売にかけると、事前に調べた評価額4000万円では売れず、経費もかかり、佐野さんの手取りは期待していた1000万円どころか、600万円程度に下がってしまいました。兄からは「おまえたちのせいで住む家がなくなった」と恨まれ親族関係も断絶。「なぜこんなことになったのか」と残念な気持ちでいっぱいです。

ケース2 実家の**競売**で関係は**断絶**

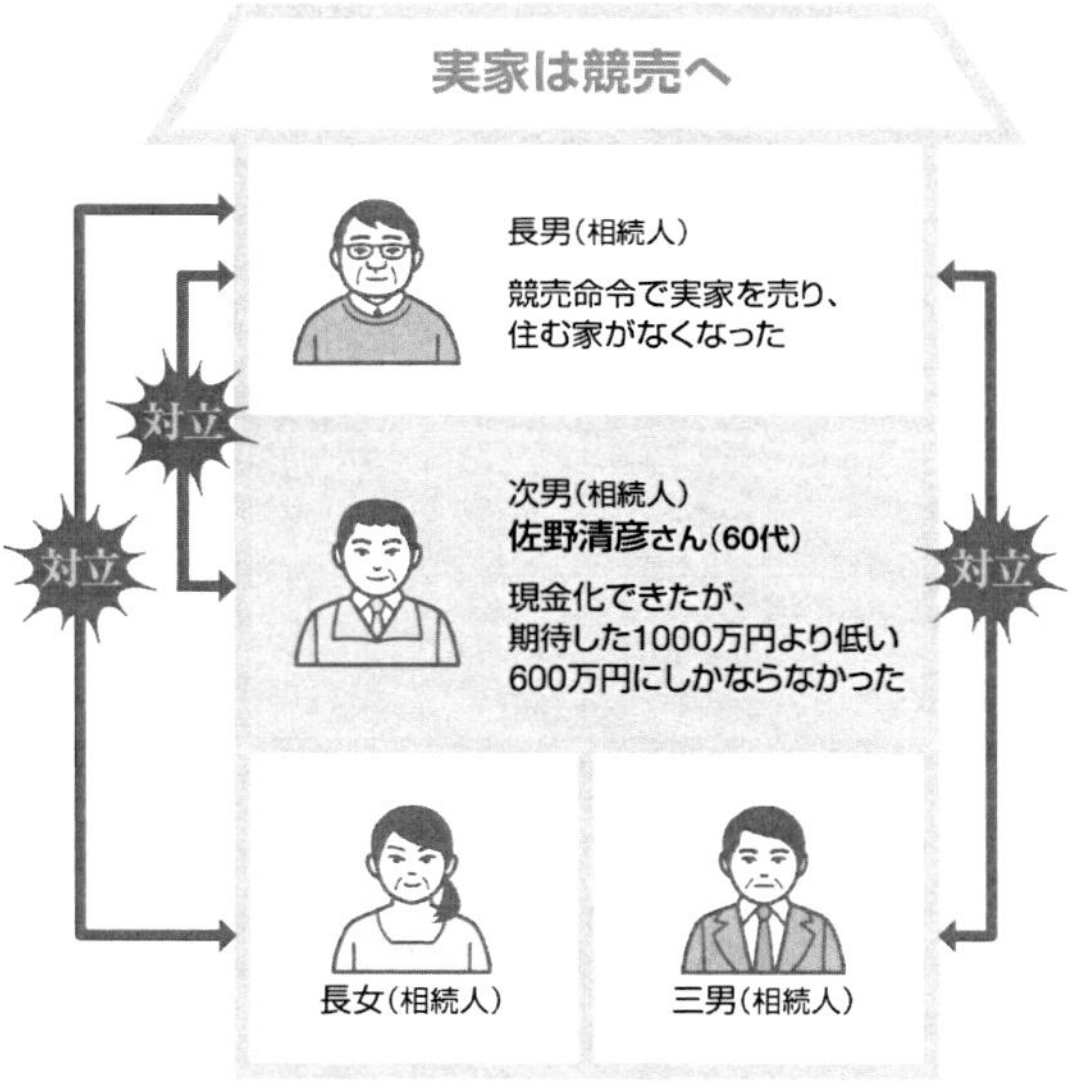

(対策方法)

実家など不動産が残されると、相続トラブルが起こりやすいので要注意です。土地・建物は現預金と違い単純に分割できません。分けるにしても、代償金を払って清算する方法や売って現金化する方法など、さまざまです。

家庭裁判所での遺産分割調停も、不動産がきっかけとなって争うパターンが多くなっています。トラブル回避に遺言書で家や現金の分け方を残しておけば、ここまでもめることはなかったかもしれません。仮に長男にお金がなければ、生命保険金を受け取らせるなど、ほかに対処方法はありました。

いずれにしても生前の準備が何より重要であり、不動産を抱えているならなおさらです。

生前贈与の扱い

井谷百合子さん(50代・仮名)は兄2人、姉との4人兄弟姉妹です。先日母親が死亡し、相続財産は3000万円。兄や姉と分割協議をしなければなりません。

だが両親と同居していた長男は百合子さんと姉に「おまえたちは結婚で親から100万円ずつ持参金をもらった。これは前渡しされた「特別受益」だから相続する分を減らせ」と言い切りました。

確かに、結婚費用など生前贈与を受けていた場合、特別受益になることは知っていました。ただ30年前の持参金を問題にされるとは……。さらに長男は次男にも、「親から大学の学費200万円を出してもらった」と重ねて強調、取り分を減らそうとしたのです。

百合子さんと姉と次男が集まり長男への対策を相談しました。振り返ると両親と住む長男は過去に車や家族旅行などの費用を計800万円贈与されていました。

納得できないので長男にも特別受益があると主張することにしました。具体的には「両親から車を買ってもらった」「大学に進学した」「親から生活費を出してもらった」などです。

これについて長男は「車は自分で買った」「自分の大学の学費は両親に返還した」「生

活費はむしろこちらが面倒を見ていた」と反論。完全に意見が対立したので、家庭裁判所で長男に対して、遺産分割調停を申し立てました。

調停では調停委員が「あまり古い生前贈与は認められにくいですよ」と助言。調停は審判となり、遺産分割方法を決められました。

もらったことが認められたのは、百合子さんと姉の持参金である各100万円、長男と次男の大学の学費である各200万円。これらが特別受益とされた結果、取り分から差し引かれてしまいました。一方、長男がもらった車代などの800万円については、確たる証拠がなかったことで、特別受益と認められませんでした。

最終的に百合子さんが相続できたのは800万円。一方、長男は700万円ですが、車代などの800万円が別にあります。「なぜ私の取り分が減らされるの」といまだ釈然としません。

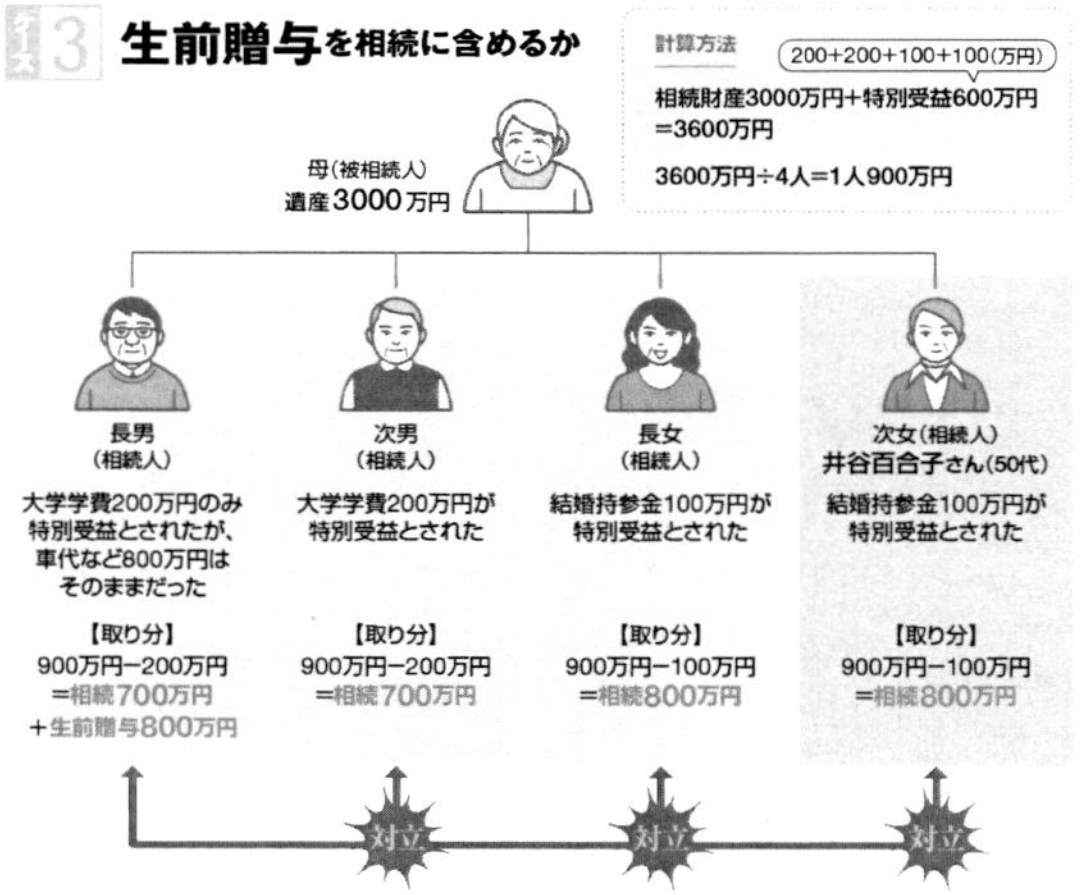

ケース3
生前贈与を相続に含めるか
計算方法
200+200+100+100(万円)
相続財産3000万円+特別受益600万円
=3600万円
3600万円÷4人=1人900万円
母(被相続人)
遺産3000万円
長男
(相続人)
大学学費200万円のみ特別受益とされたが、車代など800万円はそのままだった
【取り分】
900万円−200万円
=相続700万円
+生前贈与800万円
次男
(相続人)
大学学費200万円が特別受益とされた
【取り分】
900万円−200万円
=相続700万円
長女
(相続人)
結婚持参金100万円が特別受益とされた
【取り分】
900万円−100万円
=相続800万円
次女(相続人)
井谷百合子さん(50代)
結婚持参金100万円が特別受益とされた
【取り分】
900万円−100万円
=相続800万円
対立
対立
対立

（対策方法）

百合子さんは相続トラブルをどう避ければよかったのでしょうか？　解決のカギは特別受益の「持ち戻し」を免除されることです。

高額な生前贈与を受けた場合、ほかの相続人と同様に法定相続分で遺産分割すると、不公平になるでしょう。そこで、過去に贈与された分を特別受益として相続財産に含めることを持ち戻しといい、各人の取り分から差し引いて調整するわけです。ただこの特別受益は贈与者の意思で免除できます。

これを遺言書で、両親が生前贈与した特別受益について持ち戻さなくてよいとしておけば、言い合う必要がありませんでした。

福谷陽子（ふくたに・ようこ）

京都大学法学部在学中に司法試験合格。10年の弁護士の経験を生かし、相続対策や遺産分割等の各法律分野で執筆を行う。著書に『無料法律相談のススメと弁護士選びのコツ』等。

配偶者が報われる時代になった

税理士法人山田&パートナーズ　パートナー　税理士・浅川典子

高齢化社会を象徴するように、日本人の平均寿命は年々延び、夫の死後も妻は10年近く生きるまでになっている。長年連れ添った妻のため、2019年度の相続税改正では、配偶者の権利を守る制度も目立った。ここでは3つの制度を取り上げてみたい。

被相続人（夫）が死亡した際、それまで住んでいた自宅に住み続けたい、と望む配偶者（妻）は多い。これを法的に保護しようと設けられたのが「**配偶者居住権**」だ。

配偶者居住権には、配偶者短期居住権と配偶者居住権があるが、改正で注目を集めているのは後者。配偶者が被相続人の保有不動産に居住していた場合、被相続人の死亡後も、原則として配偶者本人が亡くなるまで居住できる。

改正前は、配偶者が自宅に住むには、不動産を相続するしかなかった。だが改正後は、不動産を「所有権」と「配偶者居住権」に分け、不動産そのものは子どもが相続し、配偶者自身は自宅に住み続けられるようになった。

この配偶者居住権を取得できるのは、戸籍にある法律上の配偶者のみで、事実婚（内縁の夫や妻）には認められない。対象になる建物は配偶者が相続時に生活拠点として住んでいた建物。別荘は対象外だし、所有建物を人に貸し夫婦で賃貸物件に居住していた場合、所有建物には設定できない。

相続発生後の遺産分割協議で設定することも可能だが、できれば生前に遺言書で決めておいたほうがいい。まだそれほど多くないが、配偶者居住権を活用し、遺産分割がスムーズにいくのは確かだ。代表的なのは、相続人が後妻と前妻の子であるなど、何らかの理由で配偶者とほかの相続人との関係が良好でないパターンだろう。

例えば、相続人が後妻と、前妻の子1人というケース1を見てみよう。妻と子の法定相続割合はいずれも2分の1となる。

ケース1 配偶者居住権で妻も自宅に住み続けられる

夫の保有財産
5000万円

自宅不動産
3000万円

預金
2000万円

妻と子1人で相続する

配偶者居住権を**利用しない**場合

妻が自宅3000万円を取得したら、法定相続割合2500万円を超えてしまう

- 妻は自宅を売却しなければ、遺産分割できない
- 妻が自宅、子が預金で分けたら、妻は自宅に住めるが生活費に困る

配偶者居住権を**利用する**場合

自宅を「配偶者居住権」1200万円と「所有権」1800万円に分ける

- 妻は配偶者居住権1200万円＋預金1300万円を取得する
- 子は所有権1800万円＋預金700万円を取得する

（出所）税理士法人山田＆パートナーズの資料を基に東洋経済作成

夫（故人、被相続人）の保有財産が自宅不動産3000万円と預金2000万円の場合、妻が自宅に住み続けるため自宅不動産（3000万円）を相続すると、法定相続割合（2500万円）を超えてしまう。改正前は自宅を売却することで、妻が住み続けられないことも多かった。あるいは妻1人で自宅不動産を取得できても、預金をまったく取得できずに後の生活費に困る可能性があった。

それが改正後は自宅不動産について、妻が配偶者居住権を取得し、子が所有権を取得することが可能だ。法定相続割合は2500万円なので、配偶者居住権を1200万円、所有権を1800万円だとすれば、妻は配偶者居住権1200万円のほか、1300万円の預金を受け取ることができる。

家に住めてお金も入る

このように配偶者居住権を有効活用することで、妻が生活資金を確保しつつ、住み慣れた自宅に住み続けられる。ほかには、子がいない夫婦で、妻の存命中は自宅に住まわせたいが、その後は自宅不動産を自分の実弟などに引き継がせたいなら、使ってもよい。

ところで、配偶者居住権も相続税の課税対象になる。配偶者居住権と所有権の評価額を合計すると、自宅不動産の評価額と一致するため、配偶者居住権を利用したから相続財産の評価額が下がるわけではない。ただ、配偶者の平均余命や建物の残存耐用年数で算定するため、配偶者が高齢なほど、配偶者居住権の評価額は低くなる。

一方、配偶者に自宅不動産を残したい場合、生前贈与をする人も少なくない。その場合には相続分の計算に注意が必要である。相続人への贈与額は、遺産の前渡し（特別受益）として、相続財産に加算するのが原則だからだ。

例えば、夫（被相続人）が評価額2000万円の自宅不動産、預金2000万円を保有していたのがケース2。夫は子に自宅不動産を生前贈与したとする。

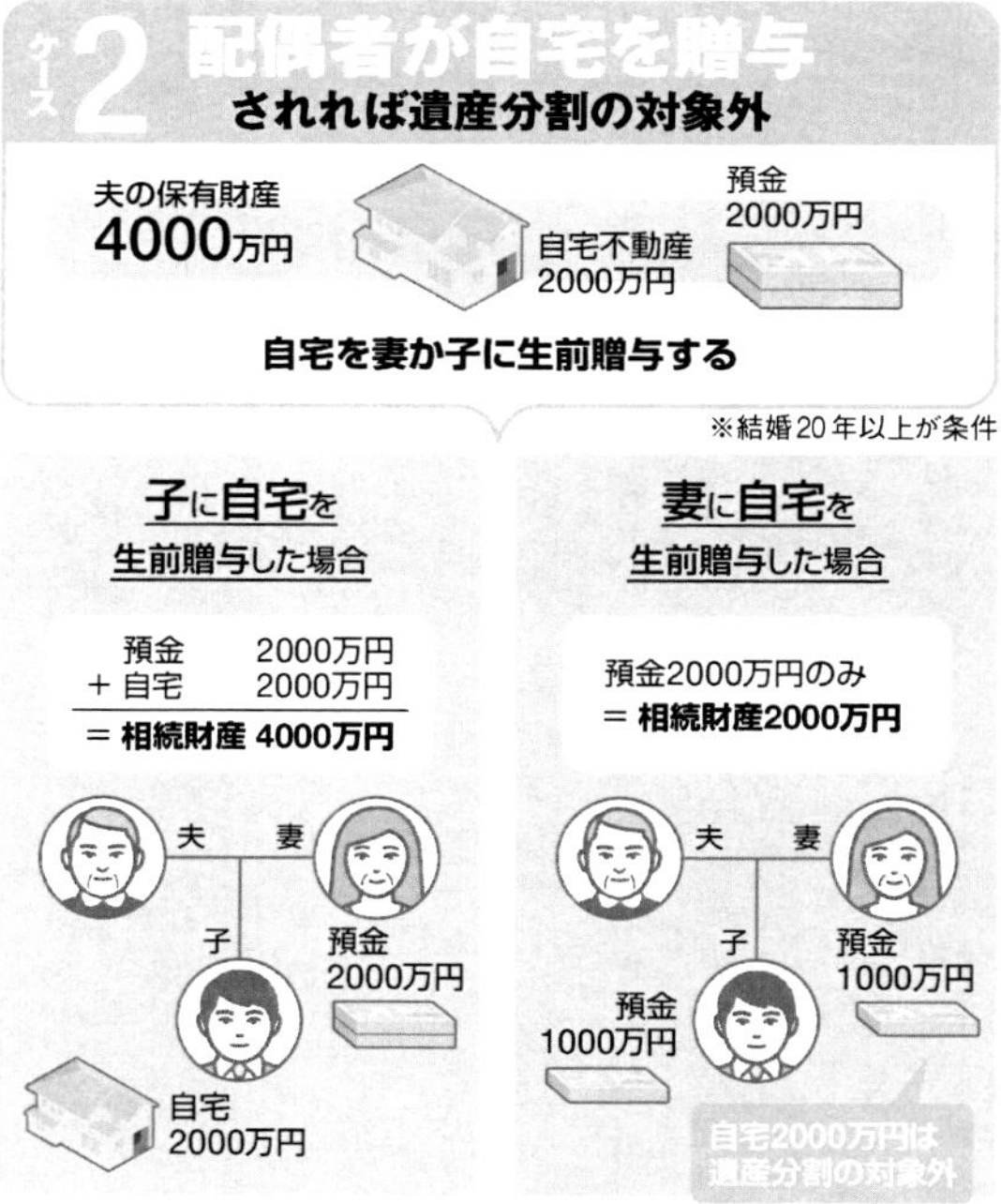

（出所）税理士法人山田＆パートナーズの資料を基に東洋経済作成

この場合、相続で残った財産は預金2000万円だけだが、生前贈与した自宅不動産を加算するため、夫の遺産総額は4000万円となる。相続人が妻と子1人とすれば、子の相続分は2分の1で2000万円。だがすでに2000万円の自宅不動産を贈与されており、子は相続時には何も受け取ることができない。

それが改正後には、婚姻期間20年以上の夫婦の場合、**「配偶者に対する自宅不動産の贈与」**は、遺産分割の対象から外されることになった（〝おしどり贈与〟）。

したがって、生前贈与の相手を子でなく妻にすれば、相続で残っている預金2000万円だけが遺産総額だ。すなわち、妻は生前贈与を受けた自宅不動産2000万円のほかに、生活資金として1000万円の預金も得ることができる。子も残った預金1000万円を受け取れる。

もちろん、贈与を受ければ贈与税がかかるが、婚姻期間20年以上の夫婦で自宅不動産を贈与した場合、贈与額が2000万円以内に収まれば、妻に贈与税はかからない（ほかに毎年110万円までの暦年贈与は非課税）。

配偶者への優遇は現状も厚い。相続税には**「配偶者の税額軽減」**の特例があり、妻が取得した財産が1億6000万円と法定相続割合のいずれか多い金額より少なければ、相続税はゼロになるためだ。

もっとも相続税では、2次相続（妻の相続）も考慮しておくべきだろう。配偶者の税額軽減を使えば、1次相続（夫の相続）の相続税額は抑えられるが、妻の保有財産が多かったり子の人数が少なかったりすると、2次相続の税率が高くなり、予想以上に多額の相続税がかかる。妻に財産をどれだけ継がせるかは、2次相続も踏まえて慎重に考えなければならない。

配偶者に手厚い相続の改正は今後も続くかもしれない。

高齢の親が認知症になっても困らない

家族信託で財産を動かす

宮田総合法務事務所代表 司法書士 行政書士・宮田浩志

近年、相続対策を検討する場面で、大きな注目を集めているのが「**家族信託**」だ。親が仕事をリタイアしても20~30年続く老後。その間に認知症を発症し、本人名義の預金や証券口座の金融資産を介護費用などのために自由に使えない、〝資産凍結〟が頻発している。年金収入や預貯金で賄いきれず、自宅売却で介護費用を捻出したくても、本人の判断能力低下で有効な手続きができない事態が増えている。

判断能力が著しく低下・喪失した人を守るには、本人に代わり後見人が財産管理する「**成年後見制度**」がある。だが成年後見には限界や制約も挙げられる。

成年後見制度は認知症の高齢者、知的障害などのある人の権利・財産を保護すべく国が用意した、セーフティーネットだ。誰もが等しく利用できる汎用性と信頼を維持しようと、堅実性や透明性が求められ、3つの負担が課せられる。

1つ目は事務的負担である。判断能力のない親を支える家族がいれば、家族が後見人になるのが理想でこれを親族後見人という。後見人は使途不明金が生じないよう、厳格な帳簿の作成や高額な領収書の保管を求められるとともに、家庭裁判所または後見監督人に対し、定期的に財産目録や収支状況を報告しなければならない。

2つ目は経済的負担だ。被後見人の金融資産が多いと、親族後見人には、司法書士や弁護士などの後見監督人が就く。後見監督人はボランティアではないので、家庭裁判所が決定する月1万～2万円の報酬を、被後見人が死亡するまで、ずっと被後見人の資産から支払わなければならない。諸事情によって、司法書士や弁護士などの専門職が職業後見人として就任する場合、月2万～6万円程度の報酬が生涯発生し続ける。長寿に伴う金銭負担の増大リスクを認識しておくことが必要だ。

3つ目は後見人にできることが限られること。後見人はつねに被後見人にメリットがある行動を求められる。本人が元気なとき望んでいたことや家族が望むことでも、本人に直接のメリットがないとできないのが大原則である。介護資金捻出のため、古家の維持費用が過大という理由なら、不動産を売却できる。ただ売却代金を賃貸マンションなどに投資できない。

家族信託なら自由に管理・処分ができる
—成年後見制度と家族信託の比較—

	成年後見制度		家族信託
	法定後見人	任意後見人	信託受託者
①存続期間	後見開始の審判～本人の死亡	監督人選任の審判～本人または任意後見人の死亡	自由（親が元気なうちに開始）
②権限	財産管理 法律行為の代理（同意・取消） 身上監護	同左（同意権・取消権はない）	信託財産の管理・処分（自由）
③財産管理の方針	本人のための堅実な管理と支出が原則。積極的運用や、合理的理由のない換価処分、生前贈与は不可	同左	権限内であれば信託目的に沿った自由な運用・処分が可能（受託者による贈与は不可）
④自宅（居住用財産）の処分の可否	居住用財産の賃貸や売却は裁判所の許可が必要（「入所費用の捻出」など合理的理由があれば許可される）	同意不要（合理的理由のない処分行為は事後的に問題になりうる）	権限内であれば受託者が自由に処分可能
⑤監督機関	家庭裁判所または後見監督人による監督を受ける（報告義務あり）	任意後見監督人による監督を必ず受ける（報告義務あり）	必須の監督機関はないが、信託監督人等を任意に設定可能
⑥ランニングコスト	親族後見人に後見監督人が就く場合、月1万～2万円の報酬。職業後見人の場合、保有資産等に応じて、月2万～6万円の報酬	任意後見監督人の報酬が月1万～2万円（任意後見人への報酬は自由）	原則かからない（受託者に払う信託報酬は自由）

(注)法定後見人は本人の判断能力が低下してから家庭裁判所に選任される。任意後見人は本人の判断能力があるうちに公正証書で契約を結ぶ　(出所)宮田総合法務事務所

使いやすさや費用で優位

これら成年後見制度の限界や制約から、家族信託は非常に有効な施策といえる。仕組みはこうだ。

親（委託者）の持つ不動産や金銭などの財産を、まだ親が元気なうちから、子（受託者）に管理を任せる。親が認知症になっても手続きが滞らないよう老後の財産管理・処分を万全にする。親が亡くなった際には円満円滑に財産を子世代が承継できる。

子と親の間で信託契約を結ぶ
―家族信託の仕組み―

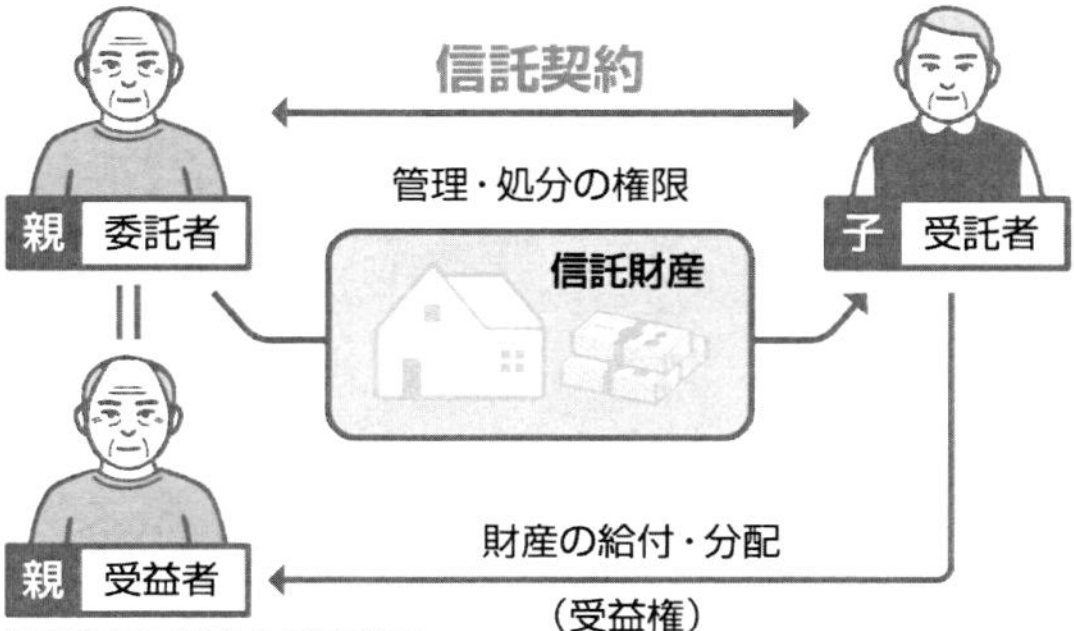

(出所)宮田総合法務事務所

成年後見や遺言と比べた家族信託のメリットを4つ挙げよう。

【メリット①】家族内で完結でき、使い方が柔軟である

長期間にわたる親の老後については、みんなが安心でき、支える家族も疲弊しない仕組みが理想的だ。家族信託は事務的・経済的な負担が少なく、柔軟な財産管理を実現できる。家庭裁判所のような公的な監督機関を介在させず、家族の中で、相続税対策を踏まえた積極的な資産活用もできる。

ポイントは家族が集う家族会議。親世代と子世代の思いをすり合わせたうえ、親の望む豊かな老後生活の実現とその延長にある円満な相続への備えを、家族が一体となって実行しやすい。

【メリット②】初期費用だけでコストを抑えられる

成年後見制度で後見人を法律専門職に任せれば、報酬というランニングコスト（維持費用）が発生する。具体的金額は家裁が審判を出すまでわからない。その後も親が長生きした分だけ、コスト全体が増大してくる。

一方の家族信託は、実行に専門職のサポートが必要となるので、実費を含むイニシャルコスト（初期費用）はある程度発生する。しかしその後は、家族だけで完結した財産管理の実行になるから、外部に支払う長期のランニングコストを想定しなくて済む。

【メリット③】遺される人へ財産管理の仕組みごと残せる

信託契約で子世代に管理を任せた財産については、親亡き後の財産の承継先まで契約上で指定できる。これを遺言代用機能というが、資産承継者の指定だけでなく、その承継者のための財産管理の仕組みごと残すことが可能だ。

老夫婦の場合、夫の財産管理と妻への資産承継の指定だけでなく、高齢の妻が安心して暮らせるよう、家族信託は子世代による財産管理や生活サポートの仕組みごと、妻に残せる。この点は遺言よりも優れているといってよい。さらに両親ともに亡き後、障害のある子や引きこもりの子、浪費癖のある子などが遺される場合、支える仕組みとしても有効である。

【メリット④】何代も財産の承継先を指定できる

実は家族信託では、何代にもわたって、承継者の指定と財産の管理が実現できる。「父親→母親→結婚しているが子のいない長男→長女の子（孫）」というような、資産承継の順番をあらかじめ決めておけるわけだ。

自ら遺言を書けない認知症の妻や重度障害のある子に代わって、遺言を書いてあげるようなイメージの設計も可能。通常の遺言では実現できない資産承継を、家族信託なら合法的に実現できる。

大切なのは、親の保有資産や家族の関係性を踏まえ、親子がわが家でどんな備えが必要かについて、親が元気なうちに家族会議でしっかり検討しておくことだ。

相続は親の長い老後を支えきった先にある。選択肢は家族信託だけでなく生前贈与や生命保険活用など多岐にわたる。家族信託に精通した関係者はまだ少数なので、法律専門職にも相談しながら、早めの備えを検討し実行しよう。

宮田浩志（みやた・ひろし）
家族信託のコンサルティングでは先駆的存在。全国でのセミナー講師も多数。著書に『はじめての家族信託』『家族信託まるわかり読本』等。

成年後見ビジネスの実像

ある日突然、会ったこともない弁護士が自宅に来て、一方的にこう言った。「家庭裁判所の審判で、あなたに後見人がつくことになりました。私が後見人です。あなたにご自分の財産を動かす権利はありません」——。

2000年4月から介護保険制度と同時に始まった「成年後見制度」。介護保険が定着したのとは対照的に成年後見は根付かなかった。そればかりでなく「こんなことなら利用しなければよかった」との声が相次いでいる。

成年後見制度は、認知症の高齢者や知的・精神障害者などの財産を守り、活動を支援するために作られたものだ。これには任意後見と法定後見の2種類がある。

任意後見は、本人に判断能力があるうちに信頼できる人に「自分が認知症になったらこうしてほしい」と希望を伝え、契約を締結。契約を結んだ任意後見人は、依頼者本人が認知症になったと判断したら、家裁に申し立てる。家裁は任意後見人の活動を支えるため、任意後見監督人も選任する。

一方の法定後見は、認知症などで本人に十分な判断能力がなくなった後、家裁が職権によって法定後見人をつける。法定後見の申し立てができるのは、本人や4親等内の親族、市町村長。申し立てを家裁が審理した後、法定後見人を選任する。制度全体の利用者は20年で23万人だった。

ただ、任意後見も法定後見も、本人の意思が反映されにくく、トラブルが起こりがち。成年後見人等による不正件数は、ピーク時より減ったとはいえ、今も年200件前後ある。

成年後見人がつくと、本人の権利は大幅に制限されるのが一般的だ。スーパーなど日常の買い物以外の経済行為は成年後見人が代理で行い、公務員や医師、弁護士、会社の取締役などの資格も失う。

親族を後見人から外す

成年後見制度における最大の問題は、親族以外が後見人になることが増えている点だ。制度のスタート時こそ、後見人には親族が選任されていた。ところが、「いずれ自分が使うお金だから」と、親族による財産の横領が頻発。監督責任が問われるのを恐れた最高裁判所は、以降、親族を後見人から外し、司法書士や弁護士などの法律専門職を選任する方向に舵を切ったのである。

とくに本人の金融資産が一定額以上あると、家裁は専門資格を持つ職業後見人を選ぶことが多い。かつて後見人の9割は親族だったが、今や職業後見人が約7割を占め、親族後見人は3割を切っている。職業後見人の上位は司法書士や弁護士。親族中心の欧米とは対照的だ。

「家裁や法律専門家、自治体の圧倒的な力を前に、ほとんどの親族が後見人となれず、泣き寝入りしている」と指摘するのは、成年後見制度の問題に取り組む団体「後見の杜」の宮内康二代表だ。

後見人の仕事は、限りなく福祉に近い内容で、片手間にできるものではない。後見人を選んだ家裁にしても人員は限られており、個々の案件を詳しく見られるわけではない。結果、法律専門職に丸投げし、業務範囲を拡大したい弁護士や司法書士などが食いついた、というのが実態だろう。

その被害を受けているのが認知症の高齢者本人や家族だ。財産を管理する職業後見人の許可がなければ、本人の預貯金を解約したり、使ったりすることができない。

親族後見人と違い、職業後見人には報酬が発生する。基本報酬は年24万円（本人の金融資産が1000万円以下の場合）。業務は、本人の通帳を預かること、家裁に報告書を年1回提出することなどだ。ほかに、遺産分割協議や不動産売却、後見信託設定などをすれば、付加報酬が上乗せされてくる。

家裁には後見人を解任する権限があるが、よほどの理由がない限り解任することはない。いったん職業後見人をつけたら、認知症の高齢者は自分が死ぬまで、延々と報酬を払わされ続けるわけだ。

民法858条では後見人について、認知症の人などの「意思を尊重し、かつ、その心身の状態及び生活の状況に配慮しなければならない」と、身上への配慮を定めている。が、本人と会わない、会っても話をしない後見人も少なくない。法の理念は実現できているのか。

司法書士や弁護士が多い
—成年後見人と本人との関係—

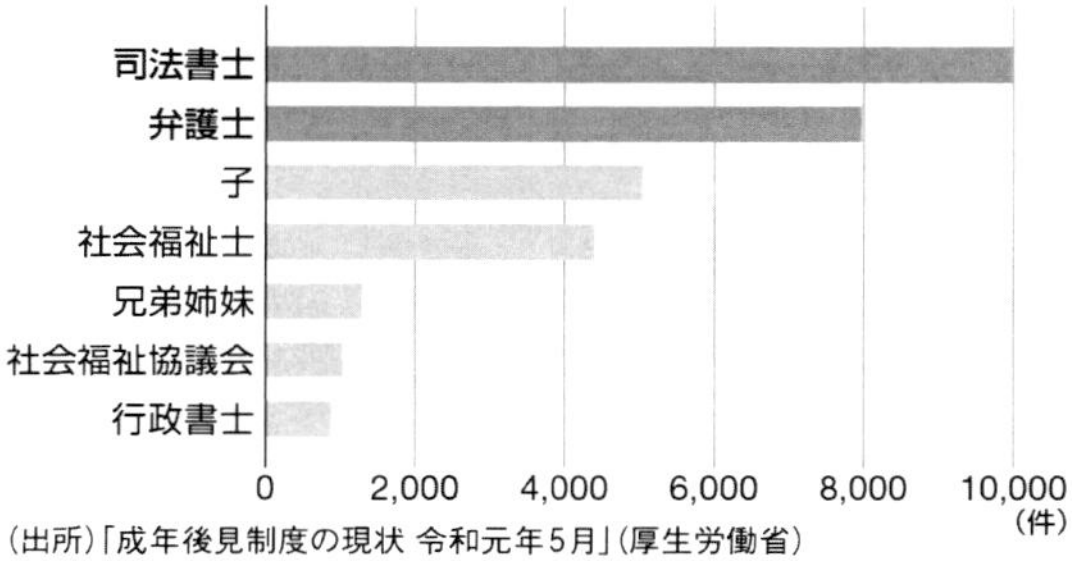

(出所)「成年後見制度の現状 令和元年5月」(厚生労働省)

「預貯金の管理・解約」が1番
—成年後見利用の申し立ての動機—

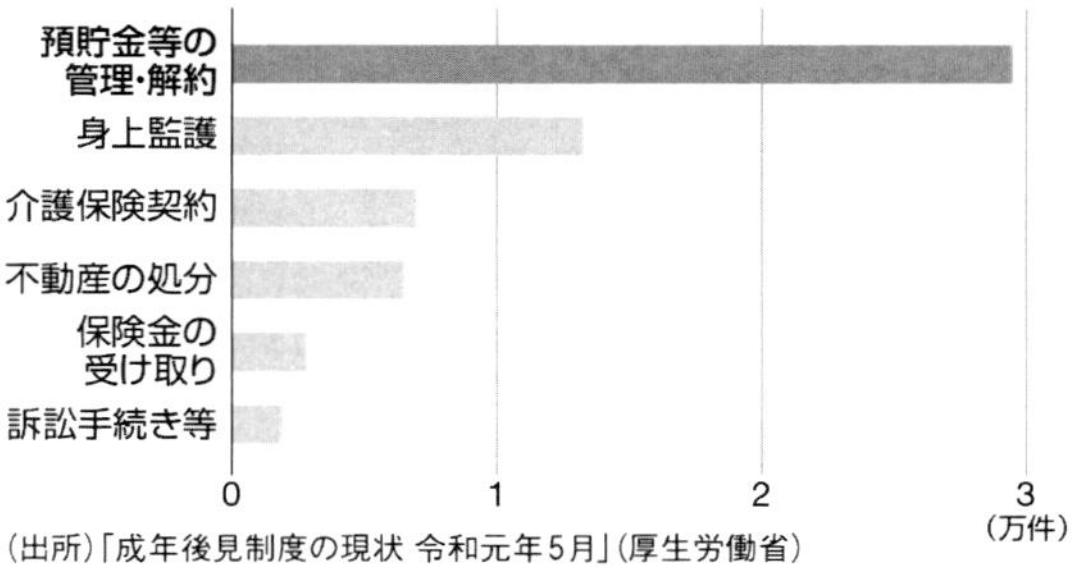

(出所)「成年後見制度の現状 令和元年5月」(厚生労働省)

家族会が結成された

「成年後見制度の運用などについて、本人や家族の立場に立って具体的に提言していく」

6月28日、厚生労働省で記者会見を開いたのが、「後見制度と家族の会」である。全国26都道府県から104人が賛同して発足した。目指しているのは、後見人には原則として家族や親族がなること、本人の意思や意向を尊重すること、などだ。現場の調査や情報発信を行うほか、家裁、自治体、弁護士や司法書士の業界団体などに対し働きかけていく方針だ。

同会の石井靖子代表は、高齢の父についた、弁護士の職業後見人と、折り合いがつかなかった。家に戻りたい父に対して、後見人は施設にいたほうがいいと主張。施設側も「本人から帰宅の意思は読み取れない」と後見人に歩調を合わせた。現在も父は特別養護老人ホームで暮らしているという。

結局、成年後見制度は、誰のため、何のための制度なのか。司法書士や弁護士だけでなく、行政書士、社会福祉協議会、信託銀行など、成年後見制度に絡んで収入を得ている職業人や組織は多い。ビジネス化した制度に本人や家族が振り回されてしまっている。今こそ、制度の主旨に立ち返って、本人の財産を守り、活動を支えるにはどうしたらよいか、見直すことが必要だ。

（大野和幸）

生前贈与から生命保険活用まで

王道で臨む賢い税金対策

税理士法人タクトコンサルティング　情報企画部部長　税理士・山崎信義

相続税を軽減する王道としてさまざまな方法があるが、まずは課税対象となる親の財産を減らすことである。親の財産を減らす手法として、子に広く行われているのは生前贈与だ。

税務上、贈与があったと認められるには、たとえ親子でも、贈与契約が成立している必要がある。民法上で贈与は贈与者が「あげる」と表明し、受贈者が「もらう」と受諾したときに成立する。契約を明確にするため、贈与契約書を作成しておいたほうがよい。

税務当局に贈与として認められるには、財産を受贈者が管理して使用することが条件だ。とくに預貯金の贈与については、名義を親から子に変更しても、通帳や印鑑、キャッシュカードを親が持っている、あるいは子が預金を引き出した形跡がないと、〝名義預金〟として親の財産と認定され、課税されることを知っておこう。

【節税方法①】2種類の贈与税

贈与によって、親からまとまった金額の財産をもらった子には、原則として贈与税が課税される。贈与税の課税方法には「暦年課税制度」と「相続時精算課税制度」の2種類がある。相続時精算課税をいったん選択すると、暦年課税への変更が認められないので、慎重に検討したい。

贈与税の課税方法

毎年コツコツ贈与か？
まとめて贈与か？

選択

コツコツ贈与型

暦年課税制度

- 毎年110万円まで非課税で超過分は税率10～55％を課税
- 被相続人の死亡3年以内の贈与は相続税として計算
- 一般贈与のほか、20歳以上の子・孫への特例贈与がある

課税価格＝贈与額－110万円(基礎控除)
贈与税＝課税価格×税率(10～55％)－控除

まとめて贈与型

相続時精算課税制度

- 累計2500万円まで非課税で超過分は税率20％を課税
- 生前に贈与し、被相続人の死亡時に相続税に含めて計算
- 60歳以上の親から20歳以上の子や孫への贈与に限定

課税価格＝贈与額－2500万円(特別控除)
贈与税＝課税価格×税率20％

(出所)税理士法人タクトコンサルティングの資料を基に本誌作成

暦年贈与の速算表(特例贈与)

基礎控除後の課税価格	税率	控除
200万円以下	10%	—
400万円以下	15%	10万円
600万円以下	20%	30万円
1000万円以下	30%	90万円
1500万円以下	40%	190万円
3000万円以下	45%	265万円
4500万円以下	50%	415万円
4500万円超	55%	640万円

暦年贈与の速算表(一般贈与)

基礎控除後の課税価格	税率	控除
200万円以下	10%	—
300万円以下	15%	10万円
400万円以下	20%	25万円
600万円以下	30%	65万円
1000万円以下	40%	125万円
1500万円以下	45%	175万円
3000万円以下	50%	250万円
3000万円超	55%	400万円

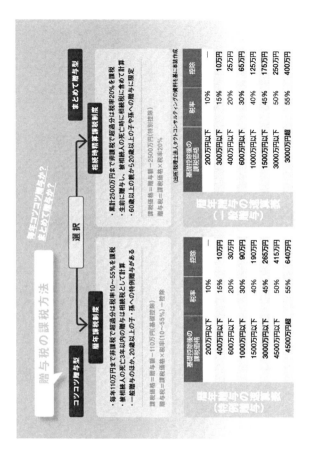

暦年課税では、その年の1月1日から12月31日の1年間に贈与を受けたら、財産から基礎控除の110万円を差し引いて、それを超える金額（課税価格）に税率（10～55％）を掛け、贈与税を計算する。贈与を受けた金額の大きさに応じて税率も高くなるため、一度にまとまった金額の財産の贈与を受けてしまうと、贈与税の負担がかなり重くなってくる。

つまり、年間110万円以下の財産の贈与については、贈与税がかからない。このことから1回当たりの贈与額を小さくし、贈与する人数と回数（年）を多くすれば、贈与税の負担を抑えながら、親の財産を減らせる。暦年課税はいわば〝毎年コツコツ贈与〟だ。

ただし、贈与した財産でも相続税を課されてしまう場合があるので、注意しなければならない。被相続人（親）から遺産を相続した相続人（子）が、相続発生＝親の死亡より前の3年以内に贈与で取得した財産は、原則、相続税の課税対象とされるからだ。

例えば暦年課税を活用し、75歳の親が45歳の子に毎年100万円の現金を10年間にわたり贈与した後、90歳で亡くなった場合、子が取得した現金1000万円には贈与税がかからないし、相続税の対象にもならない。ところが、親が贈与を

80歳から始めて90歳で亡くなった場合には、相続開始前の3年間に贈与した300万円（100万円 × 3年）については、相続税の課税対象になる。

相続税の軽減を考えるなら、子への贈与は早いうちから始めておいたほうがよい、というわけだ。また、子の配偶者や孫など、遺産を相続しない人に対して贈与した財産は相続税の対象とはならないから、あらかじめ財産を贈与する相手を広げておくのもよい。暦年課税には一般贈与と税率の軽い特例贈与がある。

一方の相続時精算課税では、その年の1月1日現在で60歳以上の親から、20歳以上の子や孫が贈与を受けた場合、財産から特別控除の2500万円を差し引き、それを超える金額に税率（一律20％）を掛け、贈与税を計算する。2022年4月以降は18歳以上の子や孫が対象となる。

相続時精算課税はその名のとおり、生前に財産を贈与された際の贈与税を、相続発生時に相続税の〝前払い〟として精算する仕組み。贈与された財産は、最終的には贈与時の価額で相続税の計算に取り込まれるので、相続税が課税されることになる。相続税の課税対象財産を減らす効果はないが、2500万円までの財産の贈与については、贈与税がかからない。

子にとっては、財産形成と納税資金確保の面から、利用価値がある税制だといえよう。いうなれば〝まとめて贈与〟だ。

例えば相続時精算課税を活用して、親が評価額2500万円の賃貸マンションを贈与した場合、子は贈与税の負担なしに財産が増えるうえ、賃貸収入を貯めて相続税の納税資金も準備できる。さらに、親が高額所得者ながらも子の所得は少なかった場合、賃貸収入を子に移転することで親の所得税の税率を引き下げ、税負担を抑えることも可能である。

【節税方法②】贈与税の特例制度

このほか贈与税には、税負担を軽減するさまざまな特例制度があるので、上手に利用したい。

親や祖父母が子や孫の将来の教育資金、結婚・子育て資金に充てるため贈与した金銭は、贈与税が非課税だ。教育資金は1500万円、結婚・子育て資金は1000万円まで、贈与税がかからない。

ただし非課税と認められるには、金融機関と一定の契約を締結し、信託などの専用口座に預け入れることが条件。用途は教育資金なら入学金や授業料など、結婚・子育て資金なら挙式費用や保育料などで、目的以外には使えない。対象は、教育資金では30歳未満の子や孫、結婚・子育て資金では20歳以上50歳未満の子や孫になる（22年4月以降は18歳以上）。

期限は20年末の税制改正で2年延期され、どちらも23年3月末までとなっている。一部では節税目的に対する指摘もあったようだが、所要の見直しを行ったうえで最終的には存続が決まった。うち結婚・子育て資金は、廃止も含めて改めて検討とされており、使うなら今のうちかもしれない。

一方、親や祖父母から子や孫への贈与（21年末まで）では、住宅取得等資金にかかる贈与税の非課税制度もある。

これを活用すると、一般住宅の取得では1000万円、省エネ・耐震住宅の取得では1500万円まで、贈与税がかからない（消費税10％の適用前なら、それぞれ

500万円、1000万円まで)。購入や新築のほかに、リフォームでもよい。対象は20歳以上の子・孫が21年末までに契約した住宅だ。ただし適用を受けるには、原則として、贈与を受けた年の翌年3月15日までに住宅取得資金の全額を充てて住宅用家屋を取得することや、同日までにその家屋に居住することなどが必要となる。

3つの特例制度は、いずれも受贈者(子や孫)に一定の所得制限があるので、注意したい。

教育資金の一括贈与

これら特例のうち注目されるのは教育資金の一括贈与に対する1500万円までの非課税だ。小学校から中学、高校、大学まで何回も支出できる機会がある。

対象となる教育資金には、①学校に対して直接支払われる入学金や授業料、入園料、保育料のほか、入試の受験料や学用品の購入費、給食費、修学旅行代を含む。さらには、②学校以外の塾や習い事の月謝も含まれており、意外に幅広い。なお、①の学校の入学金などは1000万円が非課税枠の上限だが、②の塾などについては500万円までとなる。詳しくは文部科学省のサイトを参照されたい。

適用を受けるためには、贈与を受けた子や孫が教育資金の専用口座から払い出して支出した際、一定の期日までに領収書を金融機関に提出しなければならない。金融機関は目的に該当する支出かどうかをチェックする。

また一定の期日までに金銭を使い切ることも条件だ。子や孫が30歳に到達し、契約していた専用口座が終了した時点で使い残した残高があれば、贈与税が課税される。契約が終わる前に贈与した親や祖父母が死亡し、その時点で使い残した残高があれば、相続または遺贈されたと見なされて、相続財産に加算され課税対象となってしまう（子や孫が23歳未満か在学中を除く）。

とりわけ孫が祖父母から教育資金を受けて非課税制度を利用し、使い残していた場合、相続税額は通常の2割増しとされるから、気をつける必要がある。

なお贈与税について20年末の与党税制改正大綱には、「現行の相続時精算課税制度と暦年課税制度のあり方を見直すなど、格差の固定化の防止等に留意しつつ、資産移転の時期の選択に中立的な税制の構築に向けて、本格的な検討を進める」との重要な記載があった。今後、大きな見直しが行われる可能性があるため、その動向には留意しておかなければなるまい。

【節税方法③】生命保険の非課税枠

生前贈与だけではない。生命保険の非課税枠も、遺産分割対策と相続税対策で活用できる。

まず遺産分割では、死亡保険金は保険契約に基づき、被保険者（保険の対象となる人）の死亡で保険金受取人が受け取るものなので、相続財産に該当しない。つまり被相続人（親）の遺産分割の対象ではない。このため保険金受取人は、被保険者が亡くなった際、遺産分割協議でほかの相続人の協力を必要とせず、単独で保険金を請求し受け取ることができる。

生命保険は、相続人の一人が不動産など分割・換金しづらい財産を相続する代わり、ほかの相続人に金銭を渡す方法で採られることが多い。死亡保険金を原資にほかの相続人に金銭を支払うことができるからだ。保険金の受取人を指定できるのもメリットだろう。

相続税対策にもなる。被保険者 ＝ 被相続人（親）が保険料を負担し、死亡によって相続人（子）が死亡保険金をもらう場合、保険料相当を相続するのと実質変わらない。計算上は死亡保険金に相続税が課税されるが、相続人が取得した保険金は、「500万円 × 法定相続人数」まで非課税だ。

この非課税相当額の生命保険に加入することが基本で、非課税枠を超える額を生命保険で確保したい場合には、保険契約前に死亡保険金をいくらにするかのシミュレーションが重要になる。相続税の計算上、生命保険金の非課税枠の対象とされるのは、相続人が保険金を受け取る場合に限られる。親の死亡によって、相続人ではない孫が保険金を受け取る場合、非課税枠の対象とされない。

ちなみに、受け取った死亡保険金がどの税金の対象になるかは、保険料負担者、被保険者、保険金受取人など、契約の形態で異なる。結果的に保険金受取人の税負担が大きく変わってくるので気をつけたいところ。

生命保険を活用した相続対策のメリット

1. 「500万円×法定相続人数」まで非課税になる
2. 死亡時には死亡保険金を現金で受け取れる
3. 保険金の受取人を指定できる
4. 遺産分割では対象外となる

死亡保険金にかかる税金

契約形態	契約者と被保険者が同じ場合	契約者・被保険者・受取人がすべて異なる場合	契約者と受取人が同じ場合
保険料負担者（契約者）	父	父	長男
被保険者	父	母	父
保険金受取人	長男	長男	長男
〈税金の取り扱い〉	長男に相続税	長男に贈与税	長男に所得税、住民税

（出所）税理士法人タクトコンサルティングの資料を基に東洋経済作成

例えば、被保険者を母、保険料負担者を父とする生命保険契約につき、母の死亡で長男が保険金を受け取ると、母が保険料を負担していないから、相続税の対象とはならない。母の死によって、父から長男に贈与があったと見なされ、長男に贈与税が課される。

これに対し、被保険者を父、保険料負担者を長男とする生命保険で、父の死亡で長男が保険金を受け取ると、長男に所得税（一時所得）が課税される。一時所得は生命保険金から保険料を差し引き、さらに50万円の特別控除を差し引いた残額。その金額の2分の1相当がほかの所得と合算され、所得税が課されることになる。

いずれにしても納税は国民の義務である。これらの節税対策をするなら、税理士などの専門家に必ず相談して、賢く、かつ誤ることのないように心がけたい。

山崎信義（やまざき・のぶよし）

1967年生まれ。90年同志社大学経済学部卒業、大和銀行（現りそな銀行）入行。2001年タクトコンサルティング入社。共著に『不動産組替えの税務Q&A改訂版』等。

相続に強い税理士とは

円満相続税理士法人代表　税理士・橘　慶太

相続に関する問題をどの専門家に相談すべきか。士業は数多くあれど、相続にまつわる悩みに応じて、３つに分類できる。

①家族が不仲で、相続争いに関する相談→弁護士
②家族仲は良好だが、相続税申告が必要→税理士
③家族仲は良好で、相続税申告も必要ない→司法書士もしくは行政書士

総合的に考えると、相談相手で中心になるのは、税金の専門家である税理士だ。だがすべての税理士が相続税に強いとは限らない。

理由の1つは相続税を勉強しなくても税理士資格を取得できるから。税理士試験で「相続税」は必須科目でなく、選択科目と位置づけられている。しかも難易度の高い科目なので、受験生から敬遠されがちだ。2つ目の理由として税理士は日々の業務で相続税に触れる機会が非常に少ないことが挙げられる。税理士は全国に約8万人いるが、相続税の申告は年間約10万件しかない。1人の税理士が年間で相続税申告書を作成する件数は1～2件の計算になる。

では、相続税に強い税理士を、どのように見分ければよいか。これには5つのポイントがある。

通帳精査や現地調査も

①遺産の分け方を提案してくれるかどうか。

相続税は遺産の分け方で何倍にも変わる性質を持った税金である。相続税に強い税理士なら、「税金のことを考えた場合、最も有利になる分割案を作成します。これを参考にしつつ、相続人皆様の気持ちを反映させ、分け方を決めましょう」と提案するはず。対して相続税に弱い税理士は「遺産の分け方を決めてください。そうでないと相続税の申告ができません」と言ってくる。分け方の提案をしないか、「配偶者に全額相続させれば税金0円だから」と、2次相続を無視した提案をしがちだ。

②故人の預金通帳を精査してくれるかどうか。

精査する側としては骨の折れる業務だが、ここをおろそかにすると、税務調査で自信を持って対応できない。相続税に強い税理士であれば10年分とはいかないまでも、「故人の過去の通帳を確認させてほしい」という話が必ずある。預金の残高証明書だけ用意してくれればいいというスタンスであれば、その税理士が相続税の税務調査を甘くみている証しになる。

③書面添付制度を活用できるかどうか。

前述した書面添付制度は、税理士だけが行うことを認められた制度。通常の税務調査では、調査官が納税者の家を直接訪問するのに対し、書面添付制度を利用した場合には、先に税理士だけが税務署に呼ばれる。そして、調査官の疑問をすべて解消できれば、後の税務調査は省略される。

過去10年分をきちんとさかのぼり、預金通帳の流れをしっかり確認している税理士にとっては、自信を持って制度を活用できる。税務署はコストパフォーマンスを重視する組織。短時間の調査でどれだけ多くの追徴課税を取れるかが大事だ。「この家庭を調査しても大きな追徴課税は狙えそうにない。次の家庭に行くか」と思わせられるかが税理士の勝負どころとなる。

④不動産の現地調査をしてくれるかどうか。

自宅の近くに墓があったり、隣人の騒音が激しかったり、あるいは土地に崖が含まれていたりすると、本来の土地評価額から減額することが可能になる。

また、登記されている地積（面積）と、実際に測量した地積を比べると、実際のほうが大きいケースが見られる。登記された地積を基準に評価額を算定すると、評価額が実際より小さくなり、結果として、相続税の過少申告で追徴課税の対象となってしまう。

現地を見ないとわからないことは多い。相続税に強い税理士ほど現地調査を積極的に行っている。

⑤相続税に初めて接する依頼者にもわかりやすく説明できるかどうか。

相続税の申告をするのは、会計や税金に詳しくない一般の人が中心。しかし、相続税に強くない税理士ほど、専門用語を使った説明をしがちになる。よい相続税対策とは、税理士が一方的に「このやり方がいい」と押し付けるのでなく、依頼主にもよく理解してもらったうえ、二人三脚で作り上げていくもの。説明のわかりやすさを大事にする税理士を選びたい。

業界の紹介料文化を疑え

最後に税理士業界特有の事情を書いておく。

この業界では〝紹介料〟を出したりもらったりすることが合法とされる（弁護士や司法書士などは禁止）。ネットで「税理士を無料で紹介します」というサイトにアクセスし、紹介された税理士と顧客が契約に至った場合、税理士はその紹介会社へ多額の紹介料を支払っている。高いところで契約金額の55％に達するという。

例えば、顧客は税理士に100万円を払っているのに、税理士は実質的に45万円しかもらっていないことになり、紹介料がもたらす顧客と税理士の見えない乖離が、多くの摩擦を発生させるおそれがある。葬儀社から税理士を紹介された場合、あるいは金融機関から紹介された場合でも、紹介料を払っているケースが見られる。

紹介料が絶対悪とは言わないが、複数の税理士と実際に話をして、依頼先を決めるのがいい。

実のところ相続税申告書の作り方は、税務署に行けば無料で教えてもらえる。当然ながら、税務署では相続税の負担が少なくなる遺産の分け方や、２次相続の対策は教えてくれない。相続税の有利不利は考えなくてよい、税務調査で問題になることはない、という２つの条件を満たせば、自力で申告をするのもあり。ただし、後々トラブルになっても、税務署はいっさい責任を取ってくれない。

やはり専門家のアドバイスを得たほうが、結果的には納税者も得をすることになりそうだ。

【税理士選び５つのポイント】

①遺産の分け方を提案してくれる
②故人の預金通帳を精査してくれる
③書面添付制度を活用できる
④不動産の現地調査をしてくれる
⑤初めての人にわかりやすく説明できる

（出所）『ぶっちゃけ相続』を基に本誌作成

相続専門YouTuberが教える②

税務調査はこう乗り切れ

円満相続税理士法人代表　税理士・橘　慶太

今まで30～40件ほど相続税申告の税務調査に立ち会ってきたが、その経験から、税務調査は世の中の人が考えている以上に厳しいと断言できる。

例年、相続税の税務調査は約1万2000件で、税務調査ほど厳しくない簡易な接触が約1万件。年間の相続税申告は約10万件なので、4～5件に1件の割合で調査されることになる。しかも、調査対象に選ばれてしまうと、80％以上の人が追徴課税になっているのだ（2019年度実績）。

実際に追徴課税になれば、過少申告加算税（5～15％）、無申告加算税（10～20％）、重加算税（35～40％）などのペナルティーが科されてしまい、罰則は小さくない。申告期限から追徴税を納めるまでの利息も加わってくる。

調査官の調査能力が優れているのはもちろんだが、ここで威力を発揮しているのが、国税庁の「国税総合管理（ＫＳＫ）システム」という巨大なデータベースだ。

そこには、全国民の毎年の確定申告（会社員の場合は給与の源泉徴収票）や、過去の相続遺産の金額などの情報が集約されている。それらの情報を基に「この人はこれくらいの財産を持っているだろう」という理論値が計算される。ＫＳＫシステムがはじき出した理論値と、実際に申告した遺産額に大きな乖離のある人が、税務調査の対象に選ばれるわけである。

時期的には相続から5カ月過ぎたころに、税務署から「相続税申告についてのご案内」という書類が届く。これは相続が発生した家庭の約１５％に送られる。怖いのはすでにＫＳＫシステムの選定を経ていることで、届いたら、「あなたのことはマークしています」という警告と受け止めてよい。

中でも、徴収の手間が少なく金額が大きいというのが、調査官からすれば、いちばん〝おいしい〟案件になる。金額は大きいが、時間もすごくかかりそうだという案件よりも、手っ取り早く調べやすいところから狙われる傾向がある。会社員ならば、給与収入は筒抜け、ガラス張りなので、うそのつきようがない。会社員でこれだけ稼いできた人で、これしか財産がないのかということになると、目をつけられやすいだろう。

税務調査で最も問題になるのが**名義預金**だ。

名義預金とは真実の所有者と名義人が異なる預金を指す。相続税は財産の名義自体とは関係なく、真実の所有者がその財産を所有しているとして課せられる。税務調査では、亡くなった人の配偶者や子、孫名義の財産のうち、実質的に亡くなった人の財産かどうかを、徹底追及する。名義預金と認定されたら、個人の遺産と合算し、相続税を支払うよう迫られる。

調査官は〝目線〟を追う

税務調査で調査官は何をチェックするかというと、まず亡くなった人の過去10年分の預金通帳である。相続される本人が、「自分の通帳にお金が残っていると相続税がかかるから少なく見せかけよう」と、妻や子、孫の金融機関の口座に生前贈与を装って振り込む。だが、口座を通せば、痕跡は預金通帳にしっかり残る。

振り込まれた子や孫が、引き出した現金を実際に生活費などで使っているなら問題ないが、その真偽を調査官は厳しく調べるからだ。過去の通帳は、よくも悪くも税務調査における重要な証拠になるので、相続税の申告が必要になる人は残しておいたほうがいい。

名義預金は悪気なくやっている人も少なくない。「子や孫の名義にして将来役立ててほしい」「妻の名義のほうがいざというとき引き出しやすい」などという、軽い気持ちでやってしまう。しかし不正は不正なのである。

大事なのは、生前贈与という行為は、通帳の名義を変えるだけでは税務署に認められないため、真実の所有者まできちんと変える必要があるということだ。

ポイントは2つ。まず1つは、「あげます」と「もらいます」の両者の認識の合致がなければ、贈与契約は成立しないということ。

例えば相続税対策をしようと、Aさん（70）は孫（20）に対し、毎年110万円ずつ生前贈与をしようと思案。が、まだ学生の孫に毎年110万円も贈与したら、金銭感覚を狂わせて教育上よくないと考え、孫名義の通帳に毎年110万円の積立貯金をすることに。孫にはそのことを伝えず、通帳やキャッシュカードは、Aさんの金庫に保管していた。これだと100%アウトである。

もう1つは、もらった人が「自分で自由にそのお金を使うこと」ができたか、ということ。調査では、「自分で自由に使えないのなら、もらっていないのと同じ」と扱われてしまい、相続税の対象となってしまう。贈与をするなら、通帳や印鑑、キャッシュカードは、贈与した相手に、きちんと自分で管理させなければならない。

生前贈与は「あげます」と「もらいます」の意思表示があり、初めて成立する契約だが、相続が発生した後だと証明が難しくなる。お勧めしたいのが贈与契約書の作成だ。シンプルなもので十分で、あげる人（贈与者）、もらう人（受贈者）、贈与する金額と日付、互いの住所・氏名を書き、押印して完成する（認め印でも可）。氏名のみ直筆でサイン、契約書は2通作成、1通ずつ保管しておけばよい。

ちなみに名義預金以外に税務調査で気をつけるべきなのがタンス預金。現金を引き出して自宅などに隠すものだが、この場合、相続税対策を切り抜けようと、悪意が交じっている場合も多い。
家に現金を隠している人は税務調査の際、目が泳いだり、隠している場所を無意識に見たりするという。調査官は2人組で訪問するので、そのうちの1人が目線をずっと追っている、という説もある。これまでに聞いた実話では、台所の床下の棚に入っていたり、ガレージにある車の予備タイヤの中に押し込まれていたり……。
税務署には、過去に「こんな場所に隠していた」という写真付きの一覧表があり、研修で調査官は全員読んでいるという。くれぐれも税務調査には細心の注意を払いたいものである。

橘　慶太（たちばな・けいた）
2017年に円満相続税理士法人を開業し、現在は東京・大阪の2拠点。YouTube「円満相続ちゃんねる」は登録者数6・5万人を突破。著書に『ぶっちゃけ相続』がある。

【週刊東洋経済】

本書は、東洋経済新報社『週刊東洋経済』2021年7月31日号より抜粋、加筆修正のうえ制作しています。この記事が完全収録された底本をはじめ、雑誌バックナンバーは小社ホームページからもお求めいただけます。

小社では、『週刊東洋経済eビジネス新書』シリーズをはじめ、このほかにも多数の電子書籍ラインナップをそろえております。ぜひストアにて「東洋経済」で検索してみてください。

『週刊東洋経済eビジネス新書』シリーズ

No.361　激動の半導体
No.362　不動産　勝者と敗者
No.363　弁護士業界　最前線
No.364　YouTubeの極意
No.365　デジタル大国　中国

No.380　マルクス vs. ケインズ
No.381　医療テック最前線
No.382　漂流する東芝
No.383　不動産投資　光と影
No.384　コンサル全解明
No.385　大転換の商社ビジネス
No.386　会社とジェンダー
No.387　全解明　経済安全保障
No.388　ソニー　掛け算の経営
No.389　２０５０年の中国〔前編〕
No.390　２０５０年の中国〔後編〕

週刊東洋経済eビジネス新書　No.391

相続の新常識

【本誌（底本）】

編集局　大野和幸、福田　淳

デザイン　杉山未記、熊谷直美、伊藤佳奈

進行管理　下村　恵

発行日　2021年7月31日

【電子版】

編集制作　塚田由紀夫、長谷川　隆

デザイン　市川和代

制作協力　丸井工文社

発行日　2022年5月5日　Ver.1

発行所　〒103-8345
東京都中央区日本橋本石町1-2-1
東洋経済新報社
電話　東洋経済コールセンター
03（6386）1040
https://toyokeizai.net/
発行人　駒橋憲一

電子書籍化に際しては、仕様上の都合などにより適宜編集を加えています。登場人物に関する情報、価格、為替レートなどは、特に記載のない限り底本編集当時のものです。一部の漢字を簡易慣用字体やかなで表記している場合があります。本書は縦書きでレイアウトしています。ご覧になる機種により表示に差が生じることがあります。

※本刊行物は、電子書籍版に基づいてプリントオンデマンド版として作成されたものです。